AF338783

LE CHEVALIER, ÉDITEUR, 61, RUE RICHELIEU

PETITE HISTOIRE

DU

SECOND EMPIRE

UTILE A LIRE

Avant le Vote du Plébiscite

CITOYENS ÉLECTEURS !

En proposant à la nation le plébiscite du 8 mai prochain, le gouvernement impérial nous appelle à renouveler les pleins pouvoirs que Louis-Napoléon Bonaparte s'est décernés à lui-même après le coup d'État du 2 décembre, et qu'il exerce avec l'autorité la moins contestée depuis dix-huit ans.

C'est à nous qu'il appartient de juger s'il est conforme à notre dignité, comme à nos intérêts, de répondre à l'invitation qui nous est adressée.

Déjà les députés de l'opposition démocratique, réunis aux délégués de la presse radicale de Paris et des départements, c'est-à-dire ceux qui nous représentent et défendent nos droits, réunis à ceux qui nous éclairent et nous conseillent dans tous les actes de notre vie publique, nous ont fait connaître leur opinion. Ils nous ont représenté, dans leur manifeste, que, sous prétexte de nous faire ratifier une Constitution à l'établissement de laquelle nos mandataires n'ont pris aucune part, c'est en réalité l'abdication de notre souveraineté que l'on nous demande; et ils nous ont conseillé de répondre NON à la question qui nous est posée.

Si nous voulons que cette réponse négative soit digne d'une grande nation comme la nôtre, il faut qu'elle soit faite en pleine connaissance de cause, et comme il convient à des citoyens éclairés, sûrs de leurs intentions appuyées sur l'expérience.

L'Empire, après dix-huit ans d'existence, ne peut plus être pour nous l'inconnu. Nous pouvons aujourd'hui nous prononcer en toute sûreté de conscience, sinon en toute liberté, sur l'homme qui veut se maintenir à notre tête avec des pouvoirs absolus, sur la valeur de son système de gouvernement, sur les résultats d'un règne déjà long et qui abonde en enseignements de tous genres. L'histoire est la maîtresse de la vie, la véritable institutrice des peuples. Relisons donc l'histoire du second Empire, et après l'avoir relue, demandons-nous quel parti nous avons à prendre en présence des prétentions d'un régime qui, sous tous rapports, n'en est plus à faire ses preuves.

I

L'HOMME

Napoléon III (Charles-Louis-Napoléon Bonaparte), aujourd'hui Empereur des Français, né à Paris le 20 avril 1808, est le troisième des enfants qu'Hortense de Beauharnais a donnés à son mari Louis Bonaparte, roi de Hollande. Louis Napoléon a gardé de son enfance et de sa première éducation, faite sous les yeux de sa mère, une empreinte ineffaçable.

C'est par sa mère, en effet, qu'il reçut la tradition bonapartiste, et c'est d'elle qu'il apprit, dès sa plus tendre jeunesse, à se considérer comme l'héritier et le continuateur de Napoléon Ier. Hortense de Beauharnais, femme ardente et passionnée, artificieuse, d'une ambition sans mesure, qui, depuis son entrée dans la vie, avait passé par tant d'épreuves et connu des fortunes si contraires, voulut former son fils à son image et le faire profiter des enseignements de sa carrière si traversée. Le voyant pâle, chétif, d'une intelligence médiocre et lente, elle s'appliqua à faire tourner ses défauts mêmes à son avantage, lui inculquant une seule idée, l'idée monarchique, l'habituant à la patience, à l'opiniâtreté, aux réflexions solitaires, au silence systématique. Comme elle avait passé elle-même par toutes sortes d'états, elle savait le prix de l'occasion et l'avantage qu'il y a pour les gens d'aventure à compter sur le hasard. Enfin, ayant vécu dans la société corrompue du premier Empire, elle avait appris de bonne heure et à l'école du meilleur maître qui fut jamais en ce genre de leçons, à mépriser les hommes, à faire bon marché des scrupules de la conscience, à marcher droit à son but à travers tous les obstacles, sous l'empire d'une idée fixe et sans rien respecter autour de soi.

Ce système d'éducation était admirablement approprié à la nature et au tempérament de Louis-Napoléon. Esprit indécis, imagination molle, il ne semblait avoir de goût que pour les rêveries humanitaires et les utopies les plus chimériques ; au fond il était prince, et comme tel, il se croyait appelé à manier un jour les hommes et les faire servir à son ambition. Il n'étudiait les chimères d'autrui que pour les adapter aux siennes. Tout était prémédité chez lui, jusqu'aux imprudences ; et dans chacun de ses actes, même les plus futiles, on retrouve la trace persistante de son unique pensée, devenir Empereur et régner sur la France au nom de la tradition impériale. Toutefois, Louis-Napoléon n'avait pas laissé de remarquer que la tradition impériale ne pouvait suffire à elle seule pour ramener la France à la monarchie despotique de Napoléon Ier. Depuis la chute de l'Empire, la France avait connu et goûté les avantages et les douceurs de la liberté politique, et il était difficile de croire qu'elle se décidât à y renoncer pour l'unique plaisir de replacer sur le trône la dynastie napoléonienne, dans la personne d'un neveu de l'Empereur, d'ailleurs inconnu du pays. Malheureusement, sous la Restauration, en haine d'une dynastie revenue à la suite de l'étranger, libéraux et bonapartistes avaient fait alliance contre la royauté, alliance détestable et qui a été la cause de tous nos malheurs. Le liberalisme politique ayant triomphé après la Révolution de Juillet, les bonapartistes qui étaient peu nombreux se sentirent vaincus. De là, chez |Louis-Napoléon cette répugnance insurmontable qu'il a toujours éprouvée à l'endroit des institutions parlementaires sur lesquelles s'appuyaient la bourgeoisie et la monarchie d'Orléans ; mais, comme après tout la cause bonapartiste ne pouvait songer à se faire des partisans sans donner satisfaction aux aspirations démocratiques et libérales du pays, de là, chez Louis-Napoléon, cette attention constante à rattacher l'institution impériale à la souveraineté populaire, ce souci tant de fois manifesté de demander l'investiture de la volonté nationale, ce mélange hybride de démocratie et de césarisme qui étouffe toutes les libertés en ayant l'air de les servir, ce système de gouvernement bâtard et corrupteur qui n'a d'autre frein que la volonté personnelle du prince, sous le couvert de l'assentiment du peuple.

Dans tous les écrits comme dans tous les actes de la vie de Louis-Napoléon, on peut découvrir des vestiges de toutes ces idées confuses et contradictoires. S'il prend part avec son frère aîné à des conspirations et à des entreprises contre les gouvernements rétrogrades des princes italiens, en 1831, c'est pour se montrer à la France comme un soldat des nationalités opprimées; si, dans l'ombre des machinations tramées contre le gouvernement de Juillet, et jusque dans l'épouvantable affaire Fieschi, on aperçoit la trace de quelques menées bonapartistes, c'est pour que l'opinion s'habitue à regarder le neveu de l'Empereur comme l'un des adversaires du régime des privilégiés de Juillet. Paraît-il quelque ouvrage socialiste, vite le prince Louis le dévore, s'en assimile ce qu'il peut, et s'efforce de prouver, lui aussi, par quelques pages écrites à la hâte, qu'il a souci des idées nouvelles et qu'il veut travailler au bien-être du peuple. Enfin comment se présente-t-il à la France, quand il s'en vient en 1836 à Strasbourg et en 1840 à Boulogne, tenter ces deux échauffourées ridicules, qui méritaient un plus sévère châtiment et qui n'ont servi, hélas! à l'instruction de personne? Il se présente comme un libérateur, comme le fondateur d'une monarchie nouvelle, sous laquelle le peuple jouira de tous ses droits et marchera progressivement à la conquête de toutes les prospérités morales et matérielles.

Un tel système d'idées et de conduite ne pouvait aux yeux des hommes intelligents et perspicaces que révéler dans le prince Louis-Napoléon un ambitieux, d'autant plus redoutable que son esprit, tout entier à une idée fixe, devait s'être naturellement perverti à faire coexister ensemble des principes antagoniques, et que, pour amener le triomphe de sa personnalité et de sa chimère, tous les moyens lui semblaient bons. Mais le ridicule dont il s'était couvert dans les deux aventures qu'il venait de courir en compagnie de conspirateurs subalternes, et les sympathies si peu justifiées que lui témoignèrent certains libéraux trop compatissants, empêchèrent la France de prendre garde à lui et d'apprendre à le connaître. Il en arriva à se complaire dans cette obscurité où le dédain le reléguait, et à tirer parti pour l'exécution de ses projets de l'ignorance où l'on était de sa valeur véritable. C'est ainsi qu'il put se perfectionner dans cette politique tortueuse qui ne vit que de surprises et de coups de théâtre, et qui, pour arriver à son but, suit toujours les voies détournées. Résolu depuis son enfance à paraître sur la scène comme prétendant au trône impérial, bien longtemps avant de pouvoir user de tous les secrets de sa politique personnelle, « il avait appris, suivant la remarque judicieuse d'un historien anglais, à rédiger une constitution qui paraîtrait décréter une chose et qui en fait en ordonnerait une autre; il était versé dans l'art de tendre des piéges au suffrage universel, et il savait comment on étrangle une nation dans l'ombre de la nuit avec un instrument nommé plébiscite. »

Jamais, à aucune époque de sa vie, il ne suivit ce plan de conduite avec autant de patience et de mystère que pendant les trois années qu'il exerça la première magistrature de la République, de 1848 à 1851. La République était à peine proclamée que déjà il était à Paris, offrant ses services au Gouvernement provisoire : les Bonaparte n'ont jamais eu d'autre ambition apparente que celle de servir la France ! Repoussé, forcé de s'éloigner et de retourner à Londres, il laisse à Paris des agents actifs et dévoués. Les temps étaient difficiles, l'interdit qui pesait sur lui pouvait continuer de subsister : c'était le moment, comme dit le vulgaire, de pêcher en eau trouble. Les procès-verbaux de la commission d'enquête relative aux fatales journées de Juin laissent entrevoir que, dans cette mêlée terrible d'où le parti républicain est sorti épuîsé, les éléments bonapartistes entraient pour une part qu'il ne sera sans doute jamais possible de fixer exactement. Enfin Louis–Napoléon peut rentrer en France. Il est bientôt élu représentant du peuple. C'est à peine s'il paraît à l'Assemblée ; il n'y parle qu'une fois et c'est pour protester de son dévouement aux institutions nouvelles, à la République qui lui a rouvert les portes de la patrie. Élu président, il prête à la Constitution républicaine un serment solennel, et ajoute à la solennité de ce serment légal une déclaration personnelle que nul ne lui demandait : « Je regarderai, dit-il, comme ennemis de la patrie tous ceux qui tenteraient par des voies illégales de changer la forme du gouvernement que vous avez établi ; » et voilà la République confiée à sa garde.

Que fait-il ? Il s'entoure de ministres et de conseillers, tous connus pour leur hostilité déclarée à la République. Bien loin de prendre la tête du mouvement, il se fait le serviteur de la réaction. Lui, l'ancien conspirateur qui avait voulu renverser le pouvoir temporel du pape, il ordonne et fait exécuter la première expédition de Rome qui devait renverser la république romaine et ramener Pie IX sur son trône. Lui, l'élu du suffrage universel, il laisse son ministère mutiler le suffrage universel par la loi du 31 mai. Sous son administration, la République est livrée à toutes les fureurs de ses ennemis ; l'instruction primaire est attribuée au clergé, le droit de réunion supprimé, la presse bâillonnée, les transportations sans jugement maintenues et aggravées, la France en proie à la division, aux discordes intestines. Et pendant ce temps-là, il gardait le silence, laissant tout faire et tout dire autour de lui, affectant de se placer au-dessus des querelles des partis, mais les maintenant aux prises les uns contre les autres, poursuivant au fond de sa pensée le rêve de son existence, guettant l'occasion favorable, et décidé à jouer sa réputation d'homme d'État, son honneur privé, sa vie dans une partie suprême.

Cette partie, il l'a jouée : c'est le coup d'État du 2 Décembre. Avec qui l'a-t-il jouée? Avec des partenaires qui s'appellent Morny, Saint-Arnaud, Magnan, sur le compte desquels il n'y a plus rien à dire, et d'autres encore. Contre qui l'a-t-il jouée? Contre l'élite de la France, contre les meilleurs citoyens, arrêtés, emprisonnés, proscrits, transportés, mitraillés et assassinés en plein boulevard. S'étant emparé de tout dans l'État, du trésor public comme de l'administration et de l'armée, il a demandé, à la France affolée de terreur, incapable de se retrouver et de se reconnaître au milieu de tant de proscriptions et de deuils, les pouvoirs nécessaires pour décréter la Constitution qu'il portait depuis si longtemps dans sa tête et organiser le système de gouvernement qu'il rêvait depuis sa jeunesse. A cette première demande, à ce premier plébiscite, 7,439,216 Français ont répoudu *oui;* 642,737 ont répondu *non.*

Voyons ce qu'a fait Louis-Napoléon Bonaparte des pouvoirs qu'il s'est fait attribuer.

II

LE SYSTÈME

Le 14 janvier 1852, la nouvelle Constitution est promulguée. Cette Constitution remettait tous les pouvoirs entre les mains de Louis-Napoléon, confirmé pour dix ans dans ses fonctions de président de la République. Devenu chef de l'État, voici l'énumération des pouvoirs qu'il s'était arrogés : « Le chef de l'État commande les forces de terre et de mer; il fait les traités de paix, d'alliance et de commerce et les règlements nécessaires pour l'exécution des lois dont il a seul l'initiative, la sanction et la promulgation; la justice se rend en son nom; il a seul le droit de faire grâce et de décréter des amnisties; les fonctionnaires lui prêtent serment; il peut ouvrir par simples décrets des crédits extraordinaires en dehors du budget voté par le pouvoir législatif. » Le pouvoir législatif est déchu du droit d'initiative et du droit d'interpellation, aucun amendement ne peut être soumis à la discussion s'il n'est préalablement adopté par le Conseil d'État. Le Sénat, sur la proposition du président de la République, pourvoit par des mesures d'urgence à tout ce qui est nécessaire à la marche du gouvernement en cas de dissolution du Corps législatif et jusqu'à sa convocation. Enfin, dans tout l'État, il n'y a qu'un seul fonctionnaire responsable, c'est le chef de l'État lui-même. Mais cette responsabilité n'est pas organisée, et pour qu'elle soit mise en jeu, il faut que le président soumette lui-même au peuple les actes sur lesquels il appelle son jugement.

Cet effroyable système de gouvernement a pesé sur la France pendant dix-huit ans, sauf quelques modifications qui vont être examinées tout à l'heure, c'est là ce que l'on appelle le *pouvoir personnel*; en d'autres termes, c'est la dictature la plus terrible qui puisse s'imaginer au dix-neuvième siècle, et la forme la plus savante et la plus raffinée de l'absolutisme et de la tyrannie.

« Voici un souverain, a écrit quelque part un des plus vigoureux publicistes de ce temps (1), qui est libre d'adopter et de suivre dans toutes les questions extérieures telle ligne de conduite, telle marche qui lui plaisent. Il ne demande de conseils à personne; il n'en accepte pas. S'il s'inspire de l'opinion publique, c'est bénévolement et sans y être obligé. Il maintient la paix s'il le juge à propos; il déclare la guerre si cela lui semble à lui, à lui seul, juste et nécessaire. Au moment où il prend ses résolutions, il n'en doit compte qu'à sa conscience. Le pays peut se réveiller un jour en guerre avec un puissant voisin ou engagé dans une expédition lointaine; les ministres, à l'exception de ceux dont le concours direct et matériel est indispensable, n'auront pas été prévenus; la question, enfin,

(1) M. A. Ranc, *Encyclopédie générale*. V° absolutisme.

sera engagée et irrémédiablement engagee par une volonté prépondérante et solitaire.—Absolutisme dans l'exécutif.

« Les lois sont élaborées par un corps spécial, le Conseil d'État, dont les membres sont à la nomination du souverain. Les députés élus par la nation ne peuvent que les amender, et encore la faculté qui leur est donnée à ce sujet est-elle entourée de toutes sortes de restrictions. Les députés se trouvent ainsi placés le plus souvent entre une adhésion complète et un rejet pur et simple. — Absolutisme dans le législatif.

« Toute discussion, toute critique de la Constitution est interdite, soit aux députés élus par la nation, soit à la presse, soit, en un mot, à tout pouvoir public autre que le Sénat. Ce corps, lui-même, ne peut que proposer des modifications à la Constitution, et ces modifications doivent être proposées par l'exécutif. Si la modification proposée porte atteinte aux bases fondamentales de la Constitution, elle est soumise à la ratification du peuple; mais l'exécutif a seul l'initiative de cet appel au suffrage universel, comme il a seul l'initiative des lois. — Absolutisme dans l'ordre constitutionnel.

« Si maintenant l'on examine quelques points particuliers, mais non pas accessoires, de l'organisme politique et social, si l'on note, par exemple, ce fait grave que dans l'état où l'exécutif a ainsi absorbé toutes les souverainetés, la connaissance des délits de presse a été enlevée au jury; si l'on voit que la publication des procès de presse est interdite; si les journalistes peuvent être à la fois frappés de peines corporelles et d'amendes considérables; si les tribunaux, après un certain nombre de condamnations, peuvent prononcer la suspension et même la suppression du journal incriminé; si la loi admet l'existence d'une foule de délits vagues, indéterminés, élastiques; si, enfin, le pouvoir s'est réservé d'autoriser ou d'interdire arbitrairement la vente des journaux sur la voie publique, n'aura-t-on pas le droit, en déchirant les voiles et en dédaignant les fictions illusoires, de prononcer encore cet arrêt : absolutisme dans le régime de la presse. »

Ce sont là les éléments principaux du système; mais il y a encore d'autres raffinements dont il faut citer des exemples : le peuple, s'il veut manifester son opinion sur les affaires de l'État, est obligé d'attendre le renouvellement du Corps législatif qui a lieu tous les six ans. Encore le pouvoir exécutif se réserve-t-il de désigner des candidats au suffrage universel et de les faire soutenir par ses préfets, par ses maires qu'il nomme, par ses conseils municipaux qu'il peut dissoudre et remplacer par des commissions, par ses juges de paix, par ses commissaires de police, par ses procureurs généraux, ingénieurs, recteurs, inspecteurs, contrôleurs, vérificateurs, percepteurs, conducteurs, gendarmes, gardes champêtres. Par l'admirable invention de la candidature officielle, le pouvoir personnel annule la nation elle-même et reste seul maître dans l'État.

Toutefois ce n'est pas encore assez, le pouvoir personnel se déclare responsable; mais tous ses employés, tous ses agents, tous ses serviteurs, du petit au grand, sont couverts par une immunité légale qui les fait irresponsables. Nul ne peut traduire un fonctionnaire public devant les tribunaux sans avoir obtenu l'autorisation du Conseil d'État, c'est-à-dire d'un corps nommé par le souverain et qui représente directement son autorité. Ainsi, au-dessous du despotisme du Maître, il y a le despotisme des serviteurs; les fonctionnaires, agents de l'Empereur, participent à sa puissance et à son impeccabilité.

Tels sont les pouvoirs que s'est attribués Louis-Napoléon. Voilà dix-huit ans qu'il les exerce. Voyons l'usage qu'il en a fait.

III

LE RÈGNE

Après le Coup d'État du 2 Décembre, Louis-Napo-

léon garda son titre de Président de la République,
pendant une année encore. Mais ce n'était pas pour
être le premier magistrat d'une République qu'il avait
été élevé, ni qu'il s'était instruit lui-même à l'école du
despotisme impérial; c'était pour être Empereur des
Français, comme son oncle Napoléon Ier. La République
d'ailleurs n'existait plus que de nom; ce nom seul était
odieux à un prince; il fallait qu'il disparût. Après un
voyage dans le Midi, accompli dans l'automne de 1852,
où ses flatteurs lui avaient prodigué les plus basses
adulations, cédant, disait-il, au vœu du peuple à la
manière des anciens césars romains, Louis-Napoléon
se décida, sur la proposition du Sénat nommé par lui,
à soumettre à la ratification du peuple le rétablissement de la dignité impériale dans sa personne et dans
celle de ses héritiers. Ce fut là le second plébiscite pro-
posé à la nation. Le recensement général des suffrages
donna 7,824,129 bulletins portant le mot *oui*; 253,149
portant le mot *non*; 63,126 bulletins nuls. Louis-Napoléon fut proclamé Empereur sous le nom de Napoléon III. Il n'y eut rien de changé en France, sinon
que le nouvel Empereur était appelé à toucher une
liste civile de vingt-cinq millions par an destinée à
soutenir l'éclat du pouvoir. Le Sénat ayant bien voulu
exprimer le vœu que « dans un avenir non éloigné une
épouse vînt s'asseoir sur le trône et qu'elle donnât à
l'Empereur des rejetons dignes de ce grand nom et de
ce grand pays, » deux mois après son élévation à l'Empire, Napoléon III annonçait son mariage avec made-
moiselle de Montijo, comtesse de Téba, aussi distin-
guée, disait *le Moniteur*, par la supériorité de son
esprit que par les charmes d'une beauté accomplie.
Dans le public ce mariage singulier causa une surprise
d'autant plus vive que pendant toute l'année 1852 des
bruits d'alliance du prince Louis-Napoléon avec des
princesses de maison souveraine avait couru. Mais
l'Empereur déclara que son mariage était, pour lui,
avant tout une affaire de cœur, et tout fut dit.

Le rétablissement de l'Empire n'avait pas laissé d'inquiéter les souverains d'Europe. Depuis le coup d'État le prince Président s'était fait une réputation trop justifiée d'homme d'aventure : on pouvait tout redouter d'un chef d'État armé de pouvoirs si énormes, et la guerre, ce passe-temps des rois, était à tous moments attendue. Napoléon III avait dit cependant pour rassurer les princes : « l'Empire c'est la paix ! » Mais tout le monde sentait qu'à la première occasion favorable le nouvel Empereur ferait la guerre. Il avait pour l'entreprendre des raisons d'autant meilleures, à ses yeux, qu'elles lui étaient plus personnelles. Le parti républicain avait été vaincu, écrasé en Décembre, mais non pas anéanti. A la vérité le silence et la compression régnaient partout; cependant il restait toujours dans les villes un fonds de résistance et. d'opposition qu'il fallait à tout prix désarmer, en détournant l'opinion publique des affaires intérieures, en l'attirant au dehors par des événements d'éclat. L'armée d'ailleurs entraînée et trompée au 2 Décembre, se sentait mal à l'aise au milieu d'une nation dont elle s'était séparée si cruellement; elle attendait des satisfactions et cherchait à reconquérir son honneur. Enfin, l'Empire nouveau sentait le besoin de se produire devant l'Europe comme un pouvoir fort et national, capable de porter haut le drapeau de la France, quels que fussent d'ailleurs les sacrifices à accomplir. Les insolentes prétentions de la Russie sur les Lieux-Saints et son arrogance à l'égard de la Turquie, décidèrent la guerre d'Orient, que Napoléon III n'entreprit qu'avec le concours de l'Angleterre.

Cette guerre a été populaire, si on la compare à d'autres dans lesquelles le second Empire a depuis lors entraîné la France. Cependant qui ne se rappelle qu'à cette époque la France, comme désintéressée d'elle-même, semblait se résigner à se laisser conduire partout où voudrait la mener son gouvernement. Seuls, les boursiers, les agioteurs s'intéressaient à cette guerre dont l'intérêt était si lointain. Les amis de la liberté craignaient de voir les dernières traces des idées libérales s'effacer du cœur du peuple. Le peuple

lui-même ne se sentit ému qu'au récit des exploits de
nos soldats sur la terre de Crimée, de leurs fatigues
glorieuses et de leur inaltérable .gaîté au milieu des
plus dures souffrances. C'était d'ailleurs sur cette
émotion que comptait la politique impériale. La guerre
de Crimée qui a tant illustré nos armes n'a été après
tout qu'une longue suite de hauts faits inutiles depuis
la victoire de l'Alma jusqu'à la prise de Sébastopol. Il
s'agissait de ruiner l'influence russe en Orient. Cette
influence y est aujourd'ui plus prépondérante que jamais. Sébastopol a été réduit en cendres, mais la diplomatie du cabinet de Saint-Pétersbourg a su réparer
ce désastre. Napoléon III d'ailleurs n'en voulait pas
mortellement à la Russie. Dans les négociations qui ont
préparé la paix, il l'a ménagée avec tant de précautions
que finalement l'alliance anglaise pour laquelle il semblait que la guerre eût été faite s'en est trouvée com-
promise. Mais qu'importait au second Empire? Il avait
soif d'un baptême de gloire, il l'avait obtenu. Que pou-
vaient lui faire les cent mille hommes tués dans la
guerre ou morts de maladie dans ces pays lointains?
Que lui faisaient surtout les quinze cent millions dé-
pensés en pure perte pour la prise d'une forteresse?

Au surplus ces quinze cent millions, jetés dans le
gouffre de la guerre, avaient été pour le second Empire
un nouvel instrument de règne. Les emprunts faits
par l'Etat avaient été réalisés au moyen de souscrip-
tions nationales. On avait vu alors un spectacle nouveau et qui devait singulièrement corrompre les mœurs
et l'esprit public. En proie à l'ardeur d'une spéculation
effrénée, la bourgeoisie française, d'ordinaire si éco-
nome et si prévoyante, devint presque subitement dé-
pensière et prodigue. Dans les hautes classes, le luxe
s'étalait sans règle ni mesure, tandis que par l'effet
des mauvaises récoltes, la misère régnait en bas. Il
s'établissait de la sorte peu à peu deux nations enne-
mies dans la nation, et cet antagonisme des classes ne
profitait qu'au pouvoir absolu. A la suite des emprunts
nationaux le goût de la spéculation s'éveilla même dans

les classes moyennes. Vers 1855 et 1856 on peut dire que toute la France était à la Bourse. Le gouvernement exploitait comme un succès personnel l'empressement du public à souscrire des emprunts avec primes qui soufflaient partout l'amour du gain acquis sans travail et qui poussaient même les gens de condition peu aisée vers des habitudes des dépenses et de paresse. Cet âge d'or de la coulisse correspond à l'époque de la conclusion du traité de Paris et de la naissance du prince Impérial (mars 1856); c'est là véritablement l'apogée du second Empire.

Pendant ce temps-là, ni tribune, ni presse, ni esprit public. L'unique souci, c'étaient les intérêts matériels qui permettaient d'assouvir un besoin de jouissances grossières tel que la France n'en avait jamais connu dans le cours de sa longue histoire. Tout était tourné au paraître, et l'administration publique s'appliquait à entraîner les villes dans cette voie de la dépense de luxe qui s'était emparée de tous les particuliers. Les grands travaux improductifs étaient entrepris sur tous les points du territoire, surtout à Paris où ils devenaient, entre les mains d'un préfet actif et sans scrupules, le plus puissant moyen de gouvernement. Ces grands travaux déterminaient des crises terribles dans le commerce et l'industrie ordinaires; la cherté des loyers devenait fabuleuse et les denrées de première nécessité souvent d'un prix inaccessible. Tout était poussé à outrance, et il semblait que notre nation eût pris pour devise dans sa vie la devise des grands viveurs qui étaient à sa tête : courte et bonne. Cette démoralisation du pays est un des faits qui retomberont le plus lourdement à la charge du système inauguré après le 2 Décembre : toutes les conséquences de ces fatales pratiques ne se sont pas encore déroulées, et l'heure des catastrophes les moins faciles à détourner n'a pas encore sonné.

Napoléon III n'en était pas moins considéré comme l'arbitre de l'Europe. Les grands services rendus par lui à la contre-révolution l'avaient fait l'ami de tous les

souverains, et Paris commença de voir ce défilé de
princes et de rois qui a tant de fois satisfait l'orgueil
de l'Empereur. Cette fortune triomphante n'était pas
de nature à désarmer les ennemis de la dictature ins-
tallée parmi nous après le coup d'Etat. L'opinion ne
pouvant se faire jour, le mécontentement public n'avait
point d'issue. Cependant aux élections de 1857 pour le
renouvellement du Corps législatif, Paris et quelques
grandes villes avaient fait voir par le choix de quelques
députés radicaux dont plusieurs refusèrent le serment
qu'il n'y a pas de prescription contre le droit et la justice. Au commencement de 1858, la tentative d'Orsini
contre les jours de l'Empereur montra que les senti-
ments hostiles à Napoléon III n'étaient pas exclusive-
ment propres aux vaincus de Décembre. Ce fut pour
le pouvoir impérial une occasion de reprendre les vieux
errements de 1852. Des centaines de citoyens furent
arrachés à leurs familles et transportés ou exilés ; une
nouvelle loi des suspects, dite la loi de sûreté générale,
étendit la main de l'administration sur toute personne
qui serait tentée de faire acte d'opposition à un régime
qui sans se relâcher de sa rigueur primitive commen-
çait toutefois à perdre de son prestige.

Mais le despotisme est une machine soumise aux lois
de toutes les autres ; il n'en faut pas tendre les ressorts
outre mesure, si l'on ne veut pas qu'ils se brisent. Au
commencement de 1859, une nouvelle guerre était dé-
cidée dans l'esprit de l'Empereur qui comprenait la nécessité de ne pas trop laisser la France à elle-même.
C'était la guerre d'Italie. Entreprise par la seule volonté du souverain, il fallait la colorer de prétextes qui
la rendissent populaire. Pour la première fois les mots
d'indépendance et de liberté sortirent de la bouche du
souverain : ils produisirent un effet magique ; toute la
France les répéta, espérant qu'après que la liberté serait rendue à l'Italie par nos armes, elle nous serait
enfin restituée par celui qui nous l'avait ravie. La
courte campagne de Lombardie est une page de plus à
ajouter à notre histoire militaire, qui, Dieu merci ! n'en

avait pas besoin. L'intelligence des soldats, leur intré-
pidité personnelle, contribuèrent plus à nous donner la
victoire que le génie des chefs, et si l'Empereur revint
si tôt d'une guerre à laquelle il avait assigné pour but
l'affranchissement de l'Italie des Alpes à l'Adriatique, on
peut dire que l'expérience personnelle qu'il venait de
faire du métier de général y contribua pour le moins
autant que le désir d'éviter l'alliance nécessaire de la
Révolution, au cas où il se fût décidé à remplir lui-même
son programme. La guerre d'Italie se trouva donc subitement arrêtée ; la moitié de la tâche entreprise restait à
remplir ; la péninsule n'était pas délivrée, et l'on venait
de susciter chez nous, comme au delà des monts, une
série de difficultés qui restent encore à résoudre. La
campagne ne nous en avait pas moins coûté près de
soixante mille hommes et sept cent cinquante millions :
rien ne coûte cher comme la politique personnelle.

De retour chez nous, l'Empereur à qui sa gloire ré-
cemment acquise pouvait laisser croire qu'il était au-
dessus des partis, accorda une amnistie générale
(15 août 1859). Il avait exilé nos concitoyens sans
droit ; il les rappela par un pur caprice. Les exilés
rentrèrent dans une patrie réduite au silence, destituée
de toute participation à la conduite de ses affaires,
tenue en tutelle comme un enfant mineur et sans espoir
de voir cesser quelque jour cette tutelle humiliante.
Peu à peu cependant, l'esprit public, si longtemps étouffé
et comprimé, reprenait des forces. Les tergiversations
de la politique impériale en Italie avaient affaibli le
prestige du gouvernement à l'extérieur ; à l'intérieur,
les vieux partis qu'il venait de tromper par sa conduite
ambigue à l'égard du Pape, se détachaient de lui, et la
jeunesse, symptôme significatif, ne s'en rapprochait pas ;
depuis dix ans, on ne pouvait citer personne de nota-
ble dans l'opposition qui se fût rallié au système ; l'Empire se sentait isolé au milieu de la nation ; il devenait
indispensable de lui rendre un peu de vigueur. L'Empereur, sur les conseils de quelques amis, dit-on, mais en
réalité de son propre mouvement, rendit le décret du

24 novembre 1860, qui avait pour objet d'associer plus intimement les grands corps de l'Etat à sa politique et de laisser venir jusqu'à lui l'expression des vœux de l'opinion publique, par voie d'adresse, en réponse au discours annuel du Trône.

Ce fut là pour la première fois que l'Empire chercha le moyen d'abuser la nation, en prenant le masque libéral. La parole publique était rendue aux députés : cette concession parut énorme. En réalité le pouvoir personnel n'était ni diminué ni même atteint. L'Empereur restait toujours le maître de la France, maître de ses destinées, et dispensateur de son sang et de ses trésors. Cette période de l'histoire de l'Empire est en effet celle des expéditions lointaines, expédition en Syrie, expédition en Chine et en Cochinchine. Ce ne sont point les prétextes qui manquent pour ces ruineuses campagnes, et quand les prétextes manquent, on les crée, sauf à violer toutes les règles de la justice et du bon droit, comme, par exemple, pour l'expédition du Mexique.

On ne sait pas encore la vérité (la saura-t-on jamais?) sur les causes de cette criminelle folie. On a parlé d'outrages à nos nationaux qu'il s'agissait de venger ; on croyait à une alliance et à une action communes avec l'Angleterre et l'Espagne pour obtenir réparation. L'Angleterre et l'Espagne sont revenues du Mexique sans coup férir et ont obtenu du Mexique tout ce qu'elles demandaient. Nous, au contraire, par un caprice de la volonté personnelle du souverain, nous sommes restés. Portés là-bas, à deux mille lieues de la mère-patrie, pour y obtenir le paiement de créances véreuses, nous y sommes demeurés pour y établir un Empire, au profit d'un prince étranger, sur les ruines d'une République. En vain la nation, par l'organe des cinq députés de l'opposition d'abord, et plus tard, après 1863, par d'autres encore, par l'organe des journaux, même les plus modérés, s'est-elle opposée à cette malencontreuse entreprise : rien n'y a fait ; rien n'a prévalu contre la volonté du Maître que la France s'est imposée à elle-même, en un jour de terreur. Pour ce maître, l'expédition du Mexique était la plus grande pensée de son règne : la France devait donner le sang de ses enfants, le fruit de ses épargnes, pour aider à la réalisation de cette pensée d'un seul homme. Tels sont les effets du despotisme!

Est-il besoin de rappeler par quels désastres s'est terminée cette malheureuse affaire? Nos soldats rendus odieux à une population qui combattait pour sa liberté et ses foyers; le prince infortuné que nous avions amené là et fait empereur, saisi, jugé et fusillé, ni plus ni moins qu'un aventurier, et enfin, pour comble d'humiliation , notre diplomatie abaissée et notre armée obligée de quitter le territoire mexicain sur l'ordre formel, sur l'injonction blessante du secrétaire d'Etat de la République américaine? Faut-il parler après cela des cinquante mille soldats que nous avons perdus dans cette guerre inutile et odieuse, des six ou sept cent millions, au bas mot, que nous a coûté cette fatale rêverie d'un cerveau solitaire?

Il semblait qu'après une si monstrueuse erreur qui suffirait à elle seule, dans un pays libre, pour écarter à jamais des affaires l'homme d'État qui s'en serait rendu coupable, le pouvoir personnel mettrait un terme à ses fantaisies, ou tout au moins se défiant de lui-même, prendrait désormais conseil des représentants de la nation pour la gouverner. « Il n'y a plus une seule faute à commettre, » s'était écrié M. Thiers justement alarmé de tant d'infatuation dans le souverain. Mais c'est le propre des pouvoirs absolus de ne se jamais contenir eux-mêmes. L'occasion est toujours là qui les tente, et quand ils se sont trompés, toute occasion leur paraît bonne de réparer leurs erreurs et de prendre une revanche. Au moment même où la France était humiliée au Mexique, des intrigues secrètes agitaient l'Europe. La Pologne se soulevait toujours héroïque; on pouvait tenter quelque effort en sa faveur, et l'Angleterre semblait disposée à s'associer à cet effort. Mais point : on mécontente l'Angleterre, car

on était déjà engagé ailleurs. Un homme d'État auda-
cieux, de cette école nouvelle du succès à tout prix,
M. de Bismarck, s'attaquait à l'un de nos plus anciens
et plus fidèles alliés, le Danemarck. N'y avait-il rien à
faire dans l'intérêt du Danemarck, quand ce n'eût été
qu'élever la voix en compagnie de l'Angleterre? Par
malheur l'Angleterre se défiait de nous, le Danemarck
fut abandonné à ses vainqueurs, à l'Autriche et à la
Prusse, qui ne devaient pas tarder à en venir aux
mains pour se partager ses dépouilles. C'était là
l'occasion désirée. La guerre éclate entre les deux
grandes puissances allemandes. Que va faire la
France? Se croisera-t-elle les bras en présence de
ce grand duel dont l'issue est douteuse? N'y a-t-il
aucune précaution à prendre? Qui sait comment
tout cela finira? L'opinion s'émeut, le pays s'in-
quiète : le pouvoir personnel ne répond rien, refuse de
répondre. Et pourquoi? Cette question est une injure.
N'est-il pas la providence de la France? n'a-t-il pas
tout prévu, peut-être même tout arrangé secrètement.
La Prusse et l'Autriche se rencontrent à Sadowa. On
croyait que l'Autriche serait victorieuse. Erreur, c'est
la Prusse; la campagne est finie, campagne décisive de
sept jours qui partage l'Allemagne en deux, détruit
l'équilibre de l'Europe, agrandit outre mesure la
Prusse et nous met à nos portes une nation militaire de
vingt-cinq millions d'habitants, sans que nous ayons à
dire le plus petit mot. Où donc est le prestige de la
France? Où est son influence morale? Tout cela est
détruit, le monde est troublé, la paix instable; les
nations s'épuisent en armements militaires.

Mais un gouvernement despotique et militaire comme
celui d'un Bonaparte, surtout quand il se sent humilié,
ne peut demeurer longtemps sans donner quelque
preuve de force. Fidèle d'ailleurs à ce système de bas-
cule qui a toujours été cher aux gouvernements sans
principes, à la première occasion favorable, l'Empire
brouillé depuis 1859 avec le parti catholique à qui, dans
les commencements du règne, on avait tout livré, de-

vait chercher à rentrer dans ses bonnes grâces. L'Italie, à qui Napoléon III avait promis l'indépendance et la grandeur d'un peuple libre, cherche à se rendre maîtresse de Rome, sa capitale naturelle. Le Pape crie, appelle à son secours Napoléon III qui, six ans auparavant, avait consenti à l'écrasement de la petite armée pontificale à Castelfidardo, décide une seconde expédition romaine. Que si l'on demande dans quel but, qu'on relise la dépêche du général de Failly après Mentana. Nos soldats ont rencontré les volontaires garibaldiens et les ont écrasés : les fusils chassepot ont fait merveille ! Il fallait bien prouver à l'Europe, et surtout à M. de Bismark, que la France n'avait pas cessé d'être la première nation militaire du monde. Nous avions quitté une première fois Rome; nos troupes y sont retournées; elles y sont encore, au mépris de tous les droits : quand reviendront-elles? Qui le sait ?

Voilà les résultats de la politique personnelle : la mesure n'est-elle pas comble ?

IV

LES PRÉTENDUES RÉFORMES

Le gouvernement impérial si fortement constitué devait avoir à cœur de faire œuvre de réformateur. Succédant à un régime de libre discussion, il se vantait dans l'origine de faire oublier par ses bienfaits la liberté qu'il accusait d'être impuissante à réaliser aucune amélioration. Mais les réformes accomplies par un pouvoir absolu ne peuvent, quel que soit l'objet auquel elles s'appliquent, être en contradiction avec le principe même du gouvernement; le despotisme fait sentir son action partout, et c'est en vain que l'on chercherait dans tous les actes du régime impérial une mesure quelconque qui ne soit pas marquée de l'empreinte de son origine. En 1852, M. de Persigny parle de décentralisation. Qu'est-ce que cette décentralisation qu'il prétend organiser? Ce n'est ni plus ni moins que l'attribution aux préfets, agents du pouvoir central, de certains des pouvoirs jusque-là réservés aux ministres. Où est la décentralisation en tout ceci? En quoi les conseils élus par les citoyens voient-ils leur compétence étendue et leur autorité augmentée? N'est-ce pas là pourtant le but de la décentralisation véritable? Plus tard, le territoire se couvre, à l'instigation des préfets, de sociétés de secours mutuels. Mais quelle est l'indépendance de ces sociétés? L'Empereur nomme et révoque leurs présidents; l'autorité les tient à sa merci. L'Empire a-t-il cru par là faire quelque chose en faveur du droit d'association si étrangement foulé aux pieds depuis le premier Napoléon et pourtant si nécessaire dans une démocratie? Nulle erreur ne serait plus grande : l'article 291 du Code pénal qui interdit toute association subsiste toujours, et dès que l'on en propose l'abrogation, les conservateurs de l'Empire poussent les hauts cris. Après la disette de 1854, on imagine de créer des caisses de boulangerie : à merveille; mais à Paris où les travaux publics de luxe absorbent toutes les ressources disponibles, cette institution ne tarde pas à disparaître. On veut réformer la loi sur le recrutement de l'armée en 1855, afin de supprimer le scandale des remplacements militaires : qu'imagine-t-on? Rien de mieux qu'un système d'exonération dont l'État lui-même fixe le taux chaque année, — ce qui facilite un véritable agiotage sur le sang des citoyens, — et qu'un autre système de réengagements avec primes qui conserve dans les régiments de vieux soldats résolus à se faire de la vie de caserne une carrière et tout préparés au rôle de prétoriens. Et ainsi, dans toutes les questions où le gouvernement impérial a mis la main.

Mais nulle part l'influence du pouvoir personnel ne s'est fait sentir avec plus de fâcheux résultats que dans les affaires industrielles et commerciales du pays. La chimère des gouvernements de silence et de compression consiste précisément à vouloir obstinément détourner les peuples de la liberté politique. Pour atteindre ce but, tous les moyens semblent bons. Tantôt on fera tout à coup et à l'improviste quelque expédition aventureuse; tantôt on parlera de mesures propres à donner une vive impulsion à l'agriculture, à l'industrie et au commerce. Napoléon III, dans sa carrière de publiciste, avait touché à bien des sujets : nul cependant ne pouvait dire au juste quelles étaient ses idées économiques, ni s'il était partisan du libre échange ou du système protecteur. Une parole sévère, tombée de ses lèvres depuis qu'il était monté sur le trône, donnait à penser qu'il était plutôt en garde contre les théories de la secte économiste que partisan des nouveaux systèmes. La liberté devait l'effrayer en économie comme en politique. Un beau matin, le 5 janvier 1860, il se réveille libre échangiste à tous crins. Il écrit à son ministre d'Etat une lettre où il annonce que, suivant ce qu'il a résolu, tout le système industriel et commercial de la France va être changé. Eh quoi! sans enquête préalable, sans consulter le Corps législatif? Oui : ainsi l'a décidé l'homme à qui la France a donné le droit de faire tout seul des traités de commerce. Que parle-t-on d'ailleurs de consultations préparatoires, d'enquête et de délibérations? La lettre impériale est du 5 janvier, et le traité de commerce avec l'Angleterre est conclu le 20 secrètement par MM. Rouher et Michel Chevalier avec l'Anglais Richard Cobden, si secrètement, que, pour n'en rien laisser transpirer, ce sont Mesdames Chevalier et Rouher qui font elles-mêmes les copies du traité. Ainsi voilà qui est fait. La France, pays d'industrie de luxe et de culture de céréales, habituée depuis Colbert et Louis XIV à un système protecteur qui ne devait tomber que peu à peu et au fur et à mesure du perfectionnement de l'outillage national, de l'achèvement des voies de communication, et de l'abaissement progressif des impôts et de la conscription, la France se trouve libre échangiste, sans le savoir, sans le vouloir. On sait aujourd'hui les déplorables conséquences d'un pareil coup de tête : plusieurs

de nos grandes industries ont déjà disparu ; d'autres
ont été obligées de se transformer, presque toutes lan-
guissent dans un état de crise voisin de la ruine. Mais
bah! qu'est-ce que tout cela fait ? Le gouvernement personnel est un grand gouvernement qui ne s'attarde pas
dans la routine des vieilles théories économiques ; c'est
un gouvernement progressiste et qui marche à la tête
des idées de son siècle. Aimez-vous les libertés économiques? On vous en donnera autant et de toutes les
sortes que vous voudrez. Liberté de la boucherie,
liberté de la boulangerie, liberté des théâtres, etc. Il y
a bien aussi la liberté de l'imprimerie, de la librairie et
du colportage. Ah! pardon ! n'allez pas si vite ; cette
liberté là, tout industrielle et commerciale qu'elle soit,
n'est pas une liberté comme les autres : elle touche par
plus d'un point aux libertés politiques, et justement
l'Empire n'accorde autant de prétendues libertés économiques que pour ne pas donner la liberté politique.

Pourtant il a bien fallu y venir, à cette liberté politique tant de fois décriée, conspuée par le régime
impérial. On nous dit que l'Empereur, dès le commencement de son règne, a promis le couronnement de
l'édifice, et l'on ajoute même que tout ce que nous
voyons aujourd'hui n'est que la réalisation de cette
promesse. Mais c'est surtout dans les réformes politiques si parcimonieusement mesurées, octroyées d'une
main si avare par le pouvoir personnel, qu'on retrouve
tout entier cet art misérable auquel l'empereur Napoléon III s'est exercé depuis sa jeunesse de retenir ce
qu'il paraît donner, et de rédiger des lois et des décrets qui semblent ordonner une chose et qui, en fait,
en ordonnent une autre. Le décret du 24 novembre
paraît : la parole est rendue aux représentants de la
nation, mais leur action législative reste toujours en-
travée. Du reste, la presse continuant d'être enchaînée,
la tribune, sans écho au dehors, est impuissante à rien
faire. Que peuvent obtenir les *Cinq* ? Rien. A quoi se
borne leur action ? A rédiger des amendements au pro-
jet d'Adresse, amendements mémorables à la vérité et

qui, peu à peu, réveillent l'opinion, ramènent les questions de principe et rappellent la nation à ses devoirs et
au souci de ses affaires. Cela seul suffit à troubler la
quiétude de l'Empire. Assez de cette importune discussion de l'Adresse ; assez de ces interminables discours : le régime impérial ne peut souffrir la contradiction ; l'Adresse sera supprimée.

Après le grand désastre de Sadowa, au moment où
la France se sent humiliée, nouvelles concessions.
L'Empereur écrit la lettre du 19 janvier. La presse sera
soustraite au pouvoir discrétionnaire de l'administration ; le droit de réunion sera inauguré ; l'action du
Corps législatif sera plus libre. Fort bien ! Mais on a vu
plus haut quel est l'état vrai de la presse en France à
l'heure qu'il est : c'est toujours le despotisme qui règne
sous les apparences d'une liberté plus grande. Quant
au droit de réunion, c'est peut-être de toutes les concessions consenties par le pouvoir impérial la plus per-
fide de toutes. On se réunira pour parler de littérature,
de théâtre, de théories sociales ; on ne se réunira point
si l'on veut traiter d'intérêts sérieux et positifs comme
ceux qui sont engagés dans les questions politiques :
avec cela, n'oubliez pas que la présence d'un commis-
saire de police est obligatoire et que d'ailleurs les préfets ont le droit d'interdire toutes les réunions de quelque ordre que ce soit qui leur semblent dangereuses.
L'action de la Chambre est étendue, on lui donne le
droit d'interpellations ; les ministres se présentent devant elle et soutiennent eux-mêmes les actes de leur
administration, mais les interpellations sont livrées à
l'arbitraire et au caprice de la majorité, et, de plus, on
a soin que le principal ministre soit le porte-parole du
pouvoir personnel et paraisse devant les représentants
du pays comme un vice-empereur : que peuvent faire
des députés issus de la candidature officielle contre un
pareil personnage ? Le pouvoir personnel continue de
durer.

Enfin 1869 arrive. Le pays parle haut : trois millions
cinq cent mille électeurs réclament la souveraineté du

pays par le pays; la volonté de la nation est claire; il faut céder. On nous fait alors le beau sénatus-consulte de juillet dernier qui prépare le couronnement de l'édi-'fice, en établissant la responsabilité ministérielle, en rendant au Corps législatif le droit d'initiative, le droit de pétition, le droit de régler son organisation inté-rieure en associant plus intimement le Sénat à l'action législative. Les anciens serviteurs du pouvoir per-sonnel se retirent, cédant la place à des ministres qui veulent, du moins à ce qu'ils disent, inaugurer vrai-ment le régime parlementaire. On croit qu'il y a posi-tivement quelque chose de fait : le nouveau gouverne-ment parle même d'abandonner les candidatures offi-cielles. Allégresse dans tous les vieux partis! L'édifice est couronné : montons au Capitole et rendons grâces aux dieux!

On comptait sans Napoléon III qui ne peut consentir à ce rôle de souverain constitutionnel, sans déchoir à ses propres yeux. A la première question qui se pose, la vérité du système se découvre : vous vous croyiez en plein système parlementaire, vous êtes en plein régime personnel. Pourtant l'Empereur a l'air de con-sentir à tout ce qu'on lui demande.

S'agit-il d'enlever au Sénat le pouvoir constituant : l'Empereur ne fait nulle objection; s'agit-il de faire de la haute assemblée une seconde chambre, à la manière de la chambre des pairs : l'Empereur le trouve très-bon. Tout paraît marcher à souhait. Attention! Au dé-tour d'un article, vous allez rencontrer le vieil homme. Article 13 de la nouvelle constitution : *L'Empereur est responsable devant le peuple français auquel il a tou-jours le droit de faire appel.* Qu'est-ce à dire? Cette arme terrible du plébiscite sera-t-elle toujours sus-pendue sur nos institutions parlementaires? — Oui. — Mais c'est la négation même du système représentatif! —. Je ne dis pas non. C'est que la monarchie impériale n'est pas une royauté bourgeoise à la mode du temps de Louis-Philippe; la monarchie impériale, c'est César pouvant le jour qu'il lui plaît écarter chambres et ministres et entrer en tête-à-tête avec le peuple. Et notez bien que les occasions légales ne manqueront pas, sans parler des caprices, des fantaisies et des coups de tête : la constitution nouvelle est composée de quarante-sept articles dont aucun n'est modifiable ni réformable sans l'assentiment du peuple. Ah! vous craignez les plébiscites: on vous en donnera et plus que vous n'en voudrez. Du reste, nul mystère en tout ceci : qui donc pouvait croire que Napoléon III se dépouillerait jamais de celle de ses prérogatives qui résume toutes les autres? Personne de ceux qui le connaissent.

Voici ce qu'a dit M. le duc de Persigny, au Sénat, M. de Persigny, entendez bien, le plus ancien ami de l'Empereur et le plus fidèle. un homme de Strasbourg et de Boulogne, le premier confident du 2 Décembre, un homme qui connaît Louis-Napoléon comme s'il l'avait fait : *J'applaudis à la Constitution nouvelle.* LE SOUVERAIN A GARDÉ TOUS SES POUVOIRS ; IL A CONSERVÉ TOUS LES INSTRUMENTS DE L'AUTORITÉ RÉELLE, TOUS LES MOYENS DE L'EMPIRE AUTORITAIRE, EN CRÉANT L'EMPIRE LIBÉRAL.

Je crois que l'on peut s'en rapporter à M. de Persigny ; il a dit la vérité ; n'en doutons pas.

V

CONCLUSION

Il est temps de conclure.

On vient de repasser toute l'histoire du second Empire,

On a vu ce qu'est au fond l'homme à qui la France a laissé prendre la direction de ses intérêts, de ses affaires et de sa destinée. C'est un prince élevé dès sa plus tendre enfance pour régner sur nous, au nom d'une tradition monarchique, obsédé pendant toute sa vie d'une idée fixe, décidé pour atteindre son but à se servir de tous les moyens, à ne reculer devant aucune extrémité.

On a vu à l'épreuve le système de gouvernement que cet homme, dans toute la force et dans toute la maturité de son esprit, avait imaginé pour maintenir entre ses mains les pouvoirs effrayants qu'il jugeait indispensables à l'accomplissement de sa mission politique.

On a suivi pas à pas les différentes étapes de ce règne de dix-huit ans qui n'a été qu'une longue suite de fantaisies personnelles, aboutissant en fin de compte à des fautes irréparables et à des désastres inouïs.

On a étudié enfin de près et réduit à leur juste valeur toutes les prétendues réformes au moyen desquelles le gouvernement impérial, éludant sans cesse les vœux de la nation, s'efforçait de détourner la France de la revendication des droits qui lui appartiennent, et s'appliquait à conserver intactes, sous les apparences de concessions trompeuses, toutes les prérogatives du pouvoir absolu.

Aujourd'hui que veut-on de nous?

On nous demande de ratifier tout ce qui s'est fait depuis dix-huit ans et de nous associer par nos votes à l'œuvre du couronnement de l'édifice.

Pouvons-nous faire ce que l'on nous demande?

Au point de vue des principes, nous ne le pouvons pas. Comme le dit le manifeste de la gauche et de la presse démocratique, « ce que l'on nous demande, c'est l'aliénation de notre souveraineté, c'est l'inféodation du droit populaire aux mains d'un homme et d'une famille, c'est la confiscation du droit imprescriptible des générations futures. » — Nous n'avons pas le droit de consentir à rien de pareil. Notre souveraineté est inaliénable. Nous ne pouvons nous en dessaisir au profit de personne, et ce que nous n'avons pas le droit de faire pour nous-mêmes, à plus forte raison n'avons-nous pas le droit de le faire au nom de ceux qui viendront après nous et à l'égard desquels nous sommes responsables du dépôt sacré des principes de la Révolution.

Voilà pour les principes.

Mais au point de vue de l'utilité, au point de vue de la bonne gestion de nos intérêts, est-il expédient, est-il avantageux de passer un nouveau bail avec l'Empire ? C'est ce qui reste à examiner.

Voyons donc ce que nous a coûté l'Empire depuis qu'il existe.

L'Empire s'est établi par un coup d'État sur les ruines de la République et par la proscription en masse du parti républicain. Il faudrait compter d'abord les victimes de cette catastrophe, approximativement, hélas ! car, qui saura jamais au juste les deuils et les désastres accumulés par la coupable ambition d'un seul homme ? Il faudrait dire le nombre de ceux qui sont tombés, les armes à la main, pour la défense des lois, de ceux qui ont été transportés à Cayenne et à Lambessa, de ceux qui ont été chassés de France et obligés d'aller vivre en exil du pain de l'étranger, de ceux que, par un caprice, on se contentait d'interner dans une ville, loin de leurs familles et de leurs affaires, de ceux que l'on a gardés en prison, de ceux qui ont été inquiétés dans leur fortune et dans leurs intérêts, non pas seulement dans l'année qui a suivi le coup d'Etat, mais longtemps après, par haine, par esprit de vengeance politique.

Plus de cent mille familles françaises ont été atteintes par le coup d'Etat. On s'étonne que la France ne l'ait point pardonné !

Il faudrait rappeler encore les persécutions de tous genres, les suspicions de tous les instants, les perquisitions judiciaires, les visites domiciliaires qui, pendant les dix premières années de l'Empire, fondaient à l'improviste et à toute heure sur les suspects de l'opposition. En 1858, après l'affaire d'Orsini, un nouveau vent de proscription souffle sur la France : c'est une sorte de coup d'Etat au petit pied. Qui dira le nombre de ces nouvelles victimes de l'arbitraire ?

C'est par ces moyens de compression violente que l'Empire s'est fondé et maintenu. Ce n'est pourtant là que la plus faible partie de ce qu'il nous a coûté.

On nous dit que le régime fondé après Décembre nous a valu dix-huit années de calme et de prospérité, qui n'ont pas été sans gloire.

Le calme! que veut-on dire par là? Le calme, c'était le silence dans la servitude. Tout le monde était chassé de la vie publique ; c'est toujours la vieille maxime du césarisme romain : *Ubi solitudinem faciunt pacem appellant;* là où ils ont fait régner le silence du désert, ils disent qu'ils ont apporté la paix.

La prospérité! ah! pour le coup, c'est trop fort. La République avait un budget de quinze cent millions en 1850 ; aujourd'hui les budgets de l'Empire atteignent deux milliards trois cent millions et se soldent en déficit. Sous la République, en 1850, le chapitre des dotations s'élevait à dix millions; aujourd'hui, ce chapitre s'élève à quarante-huit millions.

Les gros budgets comme les emprunts périodiques sont une des bases du système actuel; toute la politique financière de l'Empire consiste à escompter l'avenir au profit du présent.

En quatorze ans, l'Empire dépense trois milliards et demi en sus de ses recettes ordinaires.

Encore si l'Etat seul avait des dettes! Mais tout passe dans cet engrenage : Paris, les grandes villes de province, les départements, les communes, les grandes compagnies. Les emprunts de Paris s'élèvent à plus de deux milliards à l'heure qu'il est; ceux des villes au-dessus de cent mille habitants, à plus de cinq cent millions ; ceux des départements, à plus de deux cent cinquante millions, sans parler des obligations des diverses compagnies qui montent à plus de neuf milliards.

Un établissement de crédit, le Crédit mobilier, créé sous les auspices du gouvernement, a fini par entrer en liquidation, après avoir englouti une partie de l'épargne de la France, plus d'un milliard, dans des spéculations aventureuses et exagérées. Le goût de la spéculation transforme tous les capitaux en valeurs mobilières et les détourne des biens fonciers et de l'agriculture. Les travaux excessifs des villes renchérissent la main-d'œuvre dans les campagnes. Le nombre des faillites va suivant une progression effrayante. De 1863 à 1864, les faillites s'élevaient à 1,418; de 1868 à 1869, elles se sont élevées à 2,131. Les contribuables étant surchargés, les revenus privés diminuent. Enfin, pendant que l'Empereur touche, par an, une liste civile de plus de vingt-cinq millions, le Corps législatif refuse un crédit de deux cent cinquante mille francs pour porter à cinq cents francs le chiffre de la pension de retraite des instituteurs.

Voilà la prospérité de l'Empire.

Reste la gloire. Veut-on parler de la gloire acquise par nos soldats? Hélas! nous savons trop ce qu'elle nous coûte. Cent cinquante mille hommes en Crimée, soixante mille en Italie, cinquante mille au Mexique, sans parler de ceux qui ont laissé leurs os en Afrique, en Syrie, en Chine, en Cochinchine, partout où il a plu à la fantaisie d'un seul homme de les conduire. Est-ce là tout? De 1852 à 1856, les budgets de la guerre et de la marine n'ont pas absorbé moins de 10 milliards 84 millions; en 1867, ils ont demandé près de 1 milliard, et la réorganisation de l'armée n'est pas faite pour les rendre moins avides. Si nous avons eu de la gloire, nous l'avons payée bien cher. Mais qu'est-ce donc après tout que cette gloire si coûteuse (1 milliard par an, quand nous ne trouvons pas cinquante millions à donner à l'instruction publique!) qui, en fin de compte, nous a obligés, il y a dix-huit mois, à reprendre de fond en comble nos institutions militaires, à les remanier et à les approprier au nouvel état de l'Europe, depuis la funeste journée de Sadowa? Ce n'est pas assez des contingents annuels de cent mille hommes; il faut maintenant neuf années de service au lieu de sept. Plus de bons numéros. Est-ce là la gloire que nous ont valu les campagnes de l'Empire? En quel temps la

France a-t-elle été moins redoutée au dehors qu'aujourd'hui, moins influente dans les conseils de l'Europe, moins écoutée par les gouvernements étrangers? Comment sommes-nous sortis du Mexique? Sur l'ordre d'un ministre américain. Quelle figure avons-nous fait après les subits agrandissements de la Prusse? Nous avons dû négocier fort humblement l'évacuation de la forteresse de Luxembourg pour avoir l'air d'obtenir une satisfaction.

Voilà la gloire de l'Empire.

C'est donc assez, et l'expérience a prononcé.

Nous ne pouvons pas accorder à l'Empire le blanc-seing qu'il nous demande.

Non possumus.

Ce ne sera pas en vain que nous aurons recueilli la leçon si cruelle des événements.

Au nom de la souveraineté nationale, au nom de l'ordre et de la paix sociale, afin de sauvegarder tout à la fois notre dignité comme citoyens, et nos intérêts comme contribuables, nous repousserons le pacte nouveau qu'on nous propose, et nous répondrons énergiquement NON! comme il convient à des hommes libres.

E. SPULLER.

Électeur de la Seine.

Imp. générale de Ch. Lahure, rue de Fleurus, 9, à Paris.

9 7 8 2 0 1 2 4 6 9 6 9 3